Rue Mine de Rien

Gallimard Jeunesse Giboulées

Rue Mine de Rien

Docteur Catherine DOLTO
Colline Faure-Poirée
Texte d'Antonin Poirée

LA FAMILLE COLIBRI EMMÉNAGE

Illustrations de Robin

Gallimard Jeunesse Giboulées

Le marché
L'école
La mairie
L'arrêt du bus

Le parc
17 rue Mine de Rien

Ce matin-là, un énorme camion de déménagement est garé devant le 17 rue Mine de Rien. C'est la famille Colibri qui emménage au troisième étage...

Et c'lui-là, j'le mets où m'sieur Colibri ?
Heeeuu... Celui-là ! ?
Cuisine, les gars... C'est marqué dessus !
LIMENTATION
EMENT
17

Ça va, Gustave ?
J'sais pas... Ça fait bizarre. Quand on est venu pour visiter, j'ai trouvé ça super... Mais là, c'est pour de vrai.

Allez viens ! On monte voir nos nouvelles chambres !
Euh... D'accord...
17

J'adore ma nouvelle chambre ! Elle est petite mais elle est trop mignonne. Et j'ai la vue sur la cour, t'as vu ! ?
Ouep...

Ben... cache ta joie ! Allez, on va voir la tienne, c'est la plus grande de l'appart !

T'as vu cette taille, Gus !? Tu vas pouvoir y mettre des millions de jouets !

Ben… T'es pas content d'avoir ta chambre à toi tout seul ? j'comprends pas…
Si si…

MILA… GUSTAVE ! VOUS VENEZ AIDER À DÉBALLER !?

Un peu plus tard…

Il est où ton frère ?
J'sais pas, il doit déballer ses cartons dans sa chambre. Il fait un peu la tête…
NOOOOOON ! LUNOOO !

Ça va mon chéri ?
Oui, pourquoi tu cries comme ça ?

Luno n'est pas dans mes cartons ! On l'a oublié à la maison ! On doit rentrer ! Sans mon lapin, j'veux pas vivre ici ! JAMAIS !
J'aurai juré qu'il l'avait tout à l'heure ! ?
J'vais chercher devant l'immeuble, c'est peut-être là qu'il l'a perdu !

Après avoir cherché sur le trottoir, Mila cherche dans l'entrée de l'immeuble. Elle y croise un couple de voisins qui ont l'air pressés...

Bonjour, vous n'auriez pas vu un lapin en peluche bleu, c'est celui de mon frère, il l'a perdu...
Non...
Déjà qu'ils nous ont embêtés toute la matinée avec leurs cartons, il faut chercher leur doudou maintenant...

Ben, ils sont pas sympas ceux-là !
Hi hi hi hi...

Fais pas attention aux Bouchez, ça fait plus d'un an qu'ils sont là et ils disent toujours pas bonjour… Moi, c'est Louise, j'habite au deuxième étage.
Moi, c'est Mila. Je viens d'arriver au troisième…

Allez viens, je vais t'aider à le trouver ton doudou bleu…
Euh merci… Mais c'est pas MON doudou, c'est celui de mon frère…

Louise emmène Mila à la rencontre des autres habitants de l'immeuble, espérant que l'un d'entre eux ait aperçu Luno.
Elles passent d'abord demander à Li Chen et Yao Sheng dans leur épicerie.

Eh non, désolé, nous n'avons pas vu de lapin bleu.
Mais si vous avez beso de quoi que ce soit d'autre, n'hésitez pas

Puis elles vont voir Arsène, dans son atelier d'artiste.

Eh non, pas de lapin dans les parages, les choupettes...

Elles croisent Mme Barthélémy qui part voir une expo en ville…

Désolée, ma petite Louise, je n'ai rien vu de tel.

Elles demandent à Robinson qui habite tout en haut…

Déso, Louisette, pas vu d'lapin !

… et se risquent même à passer chez Violaine et son terrible fils Atila.

À l'attaque ! Vous êtes des méchants dragons !
Aïe… Arrête, Atila ! Eh non, j'ai pas vu de… Ouille… lapin bleu !
10

Bredouilles, Louise et Mila partagent un croissant pour se réconforter. Mila raconte à Louise la crise « doudou » de son petit frère.

On dirait mon petit frère à moi, César. Crise sur crise... On devrait les présenter comme ça ils pourront crier ensemble. Hi hi...
Super idée !!! Ça va lui remonter le moral ! J'vais le chercher !

Mais quand Mila déboule dans la chambre de Gustave...

GUS ! GUS ! VIENS, J'AI UNE SURPRISE POUR TOI !

Mais... Gustave ? C'est Luno, derrière ton dos ? T'as menti ! ?
Nan ! c'est pas vrai ! SORS DE MA CHAMBRE D'ABORD !!!
Désolée, Louise, Gustave ne veux pas venir. Je crois qu'en fait c'est lui qui a caché son doudou. Je ne sais plus quoi faire...

Louise aperçoit quelque chose par la fenêtre et sourit...

Viens, cette fois je connais quelqu'un qui peut t'aider !

Louise présente le docteur Cat à Mila, elle tient un cabinet de psy dans la cour. Elle profite de son week-end pour entretenir le potager partagé de l'immeuble. Louise lui demande si elle peut aider sa nouvelle amie, elle a un gros problème avec son petit frère.

Bienvenue dans notre bel immeuble, Mila. Bien sûr que tu peux me parler de ton souci, si tu le veux.

Mon frère Gustave fait croire qu'il a oublié son doudou Luno dans notre ancien appartement pour pouvoir y retourner. Il a l'air très fâché de venir habiter ici, alors que c'est trop bien, on a chacun notre chambre et il y a un parc immense juste à côté...

Ton petit frère n'est pas encore prêt à voir les bons côtés qu'il y a dans votre nouveau logement, il a d'abord besoin de faire le deuil de l'ancien, de dire au revoir à sa vie d'avant, pour pouvoir profiter de la nouvelle.
Il est en colère car il doit se sentir en décalage avec le reste de la famille.
Il ne faut pas lui en vouloir, il a besoin d'exprimer la tristesse et la peur de quitter l'endroit qu'il connaît depuis sa naissance, où il avait ses habitudes.

Merci madame... Et merci Louise ! Je vais aider mon frère à dire au revoir à son ancien quartier.

Mila entre dans la chambre de son petit frère et avant qu'il ait le temps de la chasser, elle lui fait un gros câlin.

Je suis désolée pour tout à l'heure, mon frérot.

Ça te dirait de venir avec moi dire au revoir à notre ancienne maison ?
OUUUIIIII !

Maman, est-ce que je peux emmener Gus revoir la rue Pasteur ?

Oui, pourquoi pas, ça lui changera les idées. Faites bien attention quand vous traversez la rue.
Tiens Mila, prend un peu d'argent, si besoin...
Merci maman !

Gustave, ravi, fonce prendre son sac à dos. Il chuchote...

T'entends ça Luno, on rentre à la maison !

J'suis trop content de
rentrer à la maison !
Tu sais qu'on va juste dire au revoir à
notre ancien appart, pas y ré-habiter ?

Ouais, mais c'est nul. J'ai pas envie de
quitter notre appart. J'y habite depuis
une éternité, depuis que je suis né !
Moi aussi je suis née
là-bas, j'te rappelle.

Toi aussi tu as une valise ? T'as caché ton doudou dedans ?
Eh non, tu veux voir ce qu'il y a dedans ?
Mais... Elle est vide !
C'est pour Luno. Je crois qu'il a oublié tous ses souvenirs dans notre ancien quartier. On devrait aller les chercher avec lui.
Oui, on devrait...
Bonhomme vert ! On y va !

Et un quart d'heure plus tard.

Regarde Mila ! Notre petit square !

C'est vrai qu'il est moins grand que le parc du nouveau quartier, mais y a tout ce qu'il faut, regarde : un toboggan, un bac à sable, une voiture à ressort et même une balançoire... et...
Hé Gus, où tu vas !?

Mon arbre préféré ! J'adore faire le cheval dessus ! HUUUUUE !
Hi hi ! c'est vrai que moi aussi je l'adorais cet arbre tordu. Fais-moi de la place !

Et si on récoltait une feuille de l'arbre chacun pour mettre dans la valise à souvenirs ?
Ouiiiii !

Alors que Mila et Gustave sortent du parc, Gustave se cache soudain derrière sa sœur…

Oh la la… c'est Hugo Biscotto ! Il veut toujours m'embêter celui-là !

Hé moustique ! Qu'est-ce que tu fais ici ?

J'ai entendu dire que tu déménageais... C'est nul, j't'aimais bien tu sais. Même si j'étais pas toujours sympa avec toi...

Tiens mec, mon plus beau calot !.. Pour que tu m'oublies pas !

Gustave n'en revient pas, il s'empresse de mettre ce trésor inattendu dans la valise à souvenirs.

Un peu plus tard, dans une rue voisine.

Regarde, la boulangerie de Mme Daugier est ouverte.
Oh ouais, elle a les meilleures chouquettes de la terre ! Pas sûr qu'on en retrouve d'aussi bonnes dans notre nouveau quartier.
BOULANGERIE
PATISSERIE

Et si on en achetait un gros paquet avec l'argent de maman ? Il serait bien dépensé comme ça !
Ouiii, des chouquettes !

Dans la boulangerie, après leur avoir servi un paquet de chouquettes généreusement rempli, Mme Daugier tend à Mila et Gustave deux belles papillotes au chocolat.

C'est pour vous les loulous. Vous saluerez vos parents de ma part. J'suis bien triste de les voir partir.
Merci madame !!!

Et deux super souvenirs en plus dans notre valise !
Hi hi ! Pas sûre que ceux-là y restent longtemps ! Miam miam !

Mila et Gustave passent ensuite devant le kiosque à journaux du monsieur qui peste tout le temps contre les passants. Il les interpelle...

Hééé les gamins !
Oh non ! pas lui...

C'est dommage que vos parents ils partent. Ils m'achetaient plein de journaux ceux-là !

Gustave ne se démonte pas, il marche droit vers le kiosquier bourru et lui demande avec un sourire coquin :

Au fait… Et notre cadeau d'adieu alors !?
Hein !? Vot' quoi !?

Pris de court, le kiosquier farfouille derrière sa caisse…

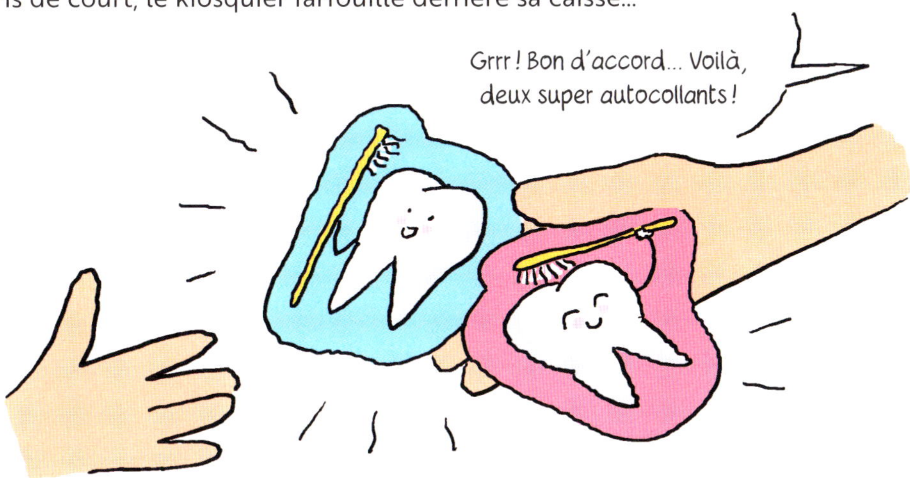
Grrr ! Bon d'accord… Voilà, deux super autocollants !

Bien joué, Gustave ! Ce sont des autocollants sur l'hygiène dentaire, mais c'est mieux que rien ! Hi hi hi…

Un peu plus loin, les enfants se rendent soudain compte…

Hé Gus, t'as vu ? On est dans notre rue !
Oh ouaaaiiis, la rue Pasteur !

Attends, peut-être qu'elle est là !

Poupouffe !...
Poupouffe !

Soudain une énorme chienne poilue aboie joyeusement derrière la grille.

Poupooouuffe !
Mais oui ma grosse, t'es la plus belle ! Hi hi ! Ah non, pas les léchouilles !

Tiens, une belle chouquette pour toi...
Hi hi ! Si Mme Tournier te voit, ça va barder !

Justement...

Poupette !...
Poupette, viens ici ! Où s'est-elle encore fichue celle-là !
Houlala ! On bouge de là !

Vite, vite, vite...

Une centaine de mètres plus loin, Mila et Gustave reprennent leur souffle, hilares...

On l'a échappé belle ! Ha ha ha !
En plus, elle avait sa terrible canne tourbillonnée ! Hi hi !

Soudain Gustave aperçoit quelque chose...

Mila, regarde !

Le deuxième étage ! Mais c'est...
... CHEZ NOUS !... C'est ceux qui vont nous remplacer qui arrivent !

Inès, tu nous aide, chérie !?
NON !

C'est bizarre, elle n'a pas l'air contente de s'installer dans notre appart ?
Ouais, allons la voir !
Salut ! Waouh, t'as des cartes Méga Z super puissantes ! ? Moi aussi j'en ai plein !
Qu'est-ce qu'il y a ? Tu n'as pas l'air contente.
J'ai juste pas envie de m'installer dans ce quartier tout nul !
TOUT NUL ! ?
Mais c'est le meilleur quartier du monde !

Mila explique à Inès qu'eux aussi viennent de déménager dans un nouveau quartier et qu'ils habitaient justement dans l'appartement où elle et sa famille s'installent.

Et le quartier est super, promis !
Oui, tu dois juste le découvrir... Il y a Poupouffe la touffe, les meilleures chouquettes de la terre, les copains du parc et même Hugo Biscotto... Et en plus, tu verras, dans ta chambre il y a une super cachette à secrets.

À ces mots, Inès se lève d'un bond.

Une cachette !? Montre-moi !

Maman, papa... J'vais montrer ma nouvelle chambre à mes amis !

Voilà, c'est ma nouvelle chambre.
C'était bien la nôtre, à Gustave et moi.

Gustave se précipite vers un vieux radiateur et ouvre une petite cache secrète...

C'est là, regarde ! J'y mettais tous mes secrets et même mes cartes Méga Z !

Inès sort son paquet de sa poche et le pose dans la cachette. Elle en garde une qu'elle tend à Gustave.

Tiens, j'te la donne ! Comme ça tu m'en donneras une des tiennes quand on se reverra... Promis ?
Promis !... Trop bien, j'l'ai pas celle-là !

Tu verras, tu vas adorer cette chambre. Où tu vas mettre ton lit ?
Je le mettrai dans ce coin là-bas !

C'est là où était mon lit aussi !
Boouuh ! C'est le coin des filles ! Hi hi hi...
Oh non ! Il faut y aller Gustave, sinon maman va s'inquiéter !
À bientôt, Inès !... Au revoir, ancien appart !

De retour dans leur nouveau quartier...

J'suis contente que ce soit Inès qui nous remplace dans notre ancienne chambre. Elle est super sympa.
Ouais... Et comme on la connaît, on pourra y retourner quand on veut. Hé hé...

Alors qu'ils traversent le quartier de Mine de Rien, Mila se rend compte que Gustave regarde autour de lui avec intérêt. Il voit...

Un chien qui a l'air sympa.

Des enfants qui jouent au foot.

Un énorme toboggan dans le parc.

Un magasin de jouets bien rempli.

JOUJOUX DU MONDE

Et t'as vu, ça sent super bon dans cette boulangerie aussi !
BOULANGER PATISSIER
SANDWICHS VENTE A EMPORTER

Héé, ça me fait penser qu'on a encore plein de chouquettes à manger !

Attends ! J'ai une meilleure idée !
Meilleure que de manger des chouquettes ! ?

Un peu plus tard, au deuxième étage du 17 rue Mine de Rien.

Salut, vous voulez manger des chouquettes avec nous ?
Oh oui mian
entrez... !

Moi aussi, j'en veux bien !
OUAIIIIS ! On en veut !
Giiiiiiiiiiiih !
Nous aussi, on peut en avoir ! ?

Waouh ! Vous avez une immense famille ! ?
Ça tombe bien parce qu'on a un immense paquet de chouquettes ! Hi hi !

Le soir, confortablement installé dans sa nouvelle chambre, Gustave montre à Luno tous les souvenirs qu'il a récoltés dans la journée.

T'as vu tous ces beaux souvenirs de notre ancien quartier, Luno ?
Mais tu sais, il y a de grandes chances qu'on soit bien ici aussi.

Fin

17
LIMENTATION
ENT

Le blog du **DR CAT**

Bonjour à toutes et à tous,

Je continue à vous raconter les aventures de mon drôle d'immeuble. Cette semaine a été très joyeuse grâce à l'arrivée de la famille Colibri, accompagnée de la jeune chienne Plouf qui s'est mise à fureter partout dans la cour, elle aboie un peu... J'espère que miss Olga va la supporter, avec elle c'est tout ou « rrrien », comme elle dit avec son accent. Ça a mis de l'animation dans la maison ! Les Bouchez ont tout de suite râlé un peu à cause du camion devant la porte... comme d'habitude.
Évidemment, je vais rester attentive à cette sympathique petite tribu parce que déménager pour les enfants, c'est beaucoup d'émotions. Les parents ne s'en rendent pas toujours compte, pour eux, aller dans un appartement plus grand c'est toujours mieux, mais les petits quittent leurs points de repères, leurs habitudes.
J'ai connu un garçon de 6 ans qui a fait une vraie déprime sans que ses parents comprennent qu'il était malheureux loin de ses copains. La maison où on vit depuis qu'on est né, c'est un peu une tanière, même si pour les grands c'est trop petit, pas confortable, pour les enfants, c'est un endroit où ils se sentent eux-mêmes et en sécurité. Gustave a beaucoup pleuré avant le déménagement, heureusement Mila l'a aidé. Ce que j'espère surtout, c'est qu'ils vont lier des liens d'amitié avec les autres enfants de l'immeuble. Pour les humains, les liens avec les autres, c'est presque plus important que l'espace et le confort.

À bientôt !

#emménagement #doudou #chagrin

603 94 52

Dans la collection

Rue Mine de Rien

1 La famille Colibri emménage

2 À qui appartient Mimicha ?

Gallimard Jeunesse Giboulées
Sous la direction de Colline Faure-Poirée
Édition Sofia Cloès · Direction artistique Christophe Hermellin
Loi n° 49-956 du 16 juillet 1949 sur les publications destinées à la jeunesse
ISBN 978-2-07-518829-6 · Numéro d'édition 554050 · Dépôt légal novembre 2024
Imprimé en Pologne par Dimograf

PEFC PEFC/32-31-076